BEI GRIN MACHT SICH IHR WISSEN BEZAHLT

- Wir veröffentlichen Ihre Hausarbeit, Bachelor- und Masterarbeit

- Ihr eigenes eBook und Buch - weltweit in allen wichtigen Shops

- Verdienen Sie an jedem Verkauf

Jetzt bei www.GRIN.com hochladen und kostenlos publizieren

Bibliografische Information der Deutschen Nationalbibliothek:

Die Deutsche Bibliothek verzeichnet diese Publikation in der Deutschen Nationalbibliografie; detaillierte bibliografische Daten sind im Internet über http://dnb.d-nb.de/ abrufbar.

Dieses Werk sowie alle darin enthaltenen einzelnen Beiträge und Abbildungen sind urheberrechtlich geschützt. Jede Verwertung, die nicht ausdrücklich vom Urheberrechtsschutz zugelassen ist, bedarf der vorherigen Zustimmung des Verlages. Das gilt insbesondere für Vervielfältigungen, Bearbeitungen, Übersetzungen, Mikroverfilmungen, Auswertungen durch Datenbanken und für die Einspeicherung und Verarbeitung in elektronische Systeme. Alle Rechte, auch die des auszugsweisen Nachdrucks, der fotomechanischen Wiedergabe (einschließlich Mikrokopie) sowie der Auswertung durch Datenbanken oder ähnliche Einrichtungen, vorbehalten.

Impressum:

Copyright © 2019 GRIN Verlag
Druck und Bindung: Books on Demand GmbH, Norderstedt Germany
ISBN: 9783668979239

Dieses Buch bei GRIN:

https://www.grin.com/document/490389

Doreen Simon

Fremde Subjektivität. Wo liegen die Grenzen der Nachvollziehbarkeit?

GRIN Verlag

GRIN - Your knowledge has value

Der GRIN Verlag publiziert seit 1998 wissenschaftliche Arbeiten von Studenten, Hochschullehrern und anderen Akademikern als eBook und gedrucktes Buch. Die Verlagswebsite www.grin.com ist die ideale Plattform zur Veröffentlichung von Hausarbeiten, Abschlussarbeiten, wissenschaftlichen Aufsätzen, Dissertationen und Fachbüchern.

Besuchen Sie uns im Internet:

http://www.grin.com/

http://www.facebook.com/grincom

http://www.twitter.com/grin_com

Wintersemester 2018/19

Projektarbeit

Simon, Doreen

Studiengang:	Master Philosophie
	3. Fachsemester
Modul:	Philosophie des Geistes
Seminar:	Analytische Philosophie des Geistes
Titel:	Eine Untersuchung der Grenzen der Nachvollziehbarkeit fremder Subjektivität

Umfang: 25.468 Zeichen

Inhaltsverzeichnis

Einleitung..3
1. Sinnhaftigkeit philosophischer Gedankenexperimente...4
2. Das Nachempfinden fremder Subjektivität als sinnloses Vorhaben ?...................7
3. Bedingte Nachvollziehbarkeit fremder Subjektivität..11
Zusammenfassung/ abschließende Betrachtungen...12
Literaturverzeichnis..15

Einleitung

In dieser Projektarbeit soll der Frage, inwieweit sich Menschen in die Perspektive der eigenen Spezies hineinversetzen können, nachgegangen werden. Um dies innerhalb des Rahmens philosophischer Betrachtungsmöglichkeiten zu untersuchen, werden zu diesem Zweck Georg W. Bertrams herausgegebenes Werk *„Philosophische Gedankenexperimente. Ein Lese- und Studienbuch"* sowie das von Thomas Nagel in seinem Werk *„Wie ist es eine Fledermaus zu sein?"* geschilderte philosophische Gedankenexperiment hinzugezogen.

Zuerst wird unter Bezugnahme auf Georg W. Bertrams obiges Werk im ersten Kapitel untersucht, ob und inwiefern es als sinnvoll erachtet werden kann, mittels eines philosophischen Gedankenexperiments auf die vorbenannte Frage einzugehen. Dabei wird gleichzeitig überblicksartig, und nur soweit es für den Schwerpunkt dieser Arbeit als sinnvoll erscheint, auf die Definition von philosophischen Gedankenexperimenten eingegangen, um im nächsten Kapitel darauf aufbauen zu können.

Denn im zweiten Kapitel wird auf ein philosophisches Gedankenexperiment von Thomas Nagel Bezug genommen. Dieser argumentiert entgegen der von Georg W. Bertram vertretenen Auffassung. Das heißt, Thomas Nagel vertritt im Rahmen seines philosophischen Gedankenexperiments die These, dass es einem Menschen nicht möglich sei, aus der Sicht eines anderen Menschen nachzuempfinden, wie wie sich dessen Lebensweise anfühlen mag, mit demzufolge anderen kognitiven und körperlichen Bedingungen. Daran angelehnt soll in diesem Kapitel darauf eingegangen werden, welche Gründe Thomas Nagel zufolge dafür verantwortlich sind bzw. inwiefern er die Möglichkeit der Wahrnehmung fremder Subjektivität ausschließt.

Im dritten Kapitel liegt der Fokus darauf, beide Positionen einander gegenüberzustellen, um anhand von wesentlichen Unterschieden sowie Gemeinsamkeiten den Versuch zu unternehmen, die Ansichten beider Philosophen in einer Synthese zu vereinen.

Abschließend werden markante Positionen in zusammenfassender Weise kritisch reflektiert und argumentative Ergebnisse dieser Projektarbeit hervorgehoben. Des Weiteren möchte ich darauf hinweisen, dass das Ziel meiner Arbeit darin besteht, überblicksartig das Wesentliche des dieser Hausarbeit zu Grunde liegenden Themas zu erfassen sowie möglichst nachvollziehbar darzulegen.

1. Sinnhaftigkeit philosophischer Gedankenexperimente

Mit Hilfe von philosophischen Gedankenexperimenten können sich Menschen nach Bertram Situationen vorstellen, welche es nicht gibt. Das heißt, es werden Annahmen gemacht oder auch Fragen aufgeworfen, um ein nicht existentes Szenario gedanklich herzuleiten.[1] Demzufolge könnte ein Mensch überlegen, wie es wohl sein mag, ein anderer Mensch mit anderen körperlichen wie geistigen Bedingungen zu sein. Diese Fähigkeit bzw. das Vermögen, sich als Mensch in verschiedene Lebensumstände hineinversetzen zu können, auch wenn sich diese von den eigenen unterscheiden, setzt Bertram somit voraus, sodass der Einzelne mit Hilfe dieses Vermögens zumindest die Option hat, philosophische Gedankenexperimente durchzuführen. Insofern wird klar, weshalb er diese Fähigkeit als sehr nützlich erachtet.[2]

Aber so hilfreich dieses eben benannte Vermögen auch sein mag, könnte nun eingewendet werden, dass der Einzelne hierbei lediglich bei sich bzw. dem eigenen aktuellen Wissensstand stehenbleibt. Wie kann er unter diesen Umständen versuchen, die jeweilige Perspektive anderer Menschen so nachzuvollziehen, dass es ihm gelingt, daraus neue Erkenntnisse zu gewinnen? Bertram positioniert sich zu diesem Problem, indem er erklärt, neue Erkenntnisse seien auf diese Weise zwar logischerweise nicht möglich, aber wenigstens *„Gedankenerfahrungen"* [3]. Damit meint Bertram Erfahrungen, welche der

---

1 Vgl. Georg W. Bertram (Hrsg.): Philosophische Gedankenexperimente, S. 15.
2 Ebd., S. 9.
3 Georg W. Bertram (Hrsg.): Philosophische Gedankenexperimente, S. 24.

Einzelne ausschließlich gedanklich macht, aufgrund von lebendigem Nachdenken bzw. lebhaften Vorstellungen von etwas. Seine Gedanken entwickeln sozusagen ein Eigenleben, wie Bertram es ausdrückt.[4] Insofern kann der Einzelne zumindest innerhalb der Grenzen seines geistigen Vermögens mittels philosophischer Gedankenexperimente versuchen, eine fremde Perspektive bzw. andere geistige wie körperliche Gegebenheiten nachzuempfinden und damit gedanklich Erfahrungen machen. Zumindest daraus könnten neue Erkenntnisse hervorgehen, indem sich der Einzelne beispielsweise überlegt bzw. Annahmen darüber macht, wie ein anderer Mensch es empfinden könnte, beleidigt zu werden. Der Einzelne kann dann im Zuge seines Überlegens zu dem Schluss/ der Erkenntnis gelangen, Beleidigungen lieber bleiben zu lassen, weil Menschen in der Regel nicht positiv darauf reagieren.

Wie hiermit schon angedeutet wird, ist gemäß Bertram eine gewisse Formalisierung des entsprechenden philosophischen Gedankenexperiments nötig.[5] Demnach hat der Einzelne, wie zu Beginn dieses Kapitels bereits angedeutet, argumentativ herzuleiten, aufgrund welcher Annahmen er bestimmte Schlüsse darüber zieht, wie sich dieser jene fremde Subjektivität vorstellt. Ohne diese Formalisierung könnten sonst beliebige und somit sinnlose Schlüsse gezogen werden, sinnlos im Sinne von unüberlegt. Dieser beliebigen Logik folgend, könnte dann behauptet werden, Menschen seien grüne Wesen. Eine solche beliebige Vorgehensweise der Schlussfolgerung entspräche nicht mehr einem philosophischen sondern einem willkürlichen Gedankenexperiment. Philosophische Gedankenexperimente sind demzufolge für eine Untersuchung fremder Subjektivität nur innerhalb formaler Grenzen sinnvoll. Daran wird deutlich, warum Bertram darauf hinweist, dass philosophische Gedankenexperimente möglichst prägnant sein sollen.[6]

Dies vorausgesetzt und unter der Annahme, ein bestimmtes philosophisches Gedankenexperiment wird von verschiedenen Menschen mit ihrer je anderen

---

4 Vgl. Georg W. Bertram (Hrsg.): Philosophische Gedankenexperimente, S. 24.
5 Ebd., S. 54, 55.
6 Vgl. Georg W. Bertram (Hrsg.): Philosophische Gedankenexperimente, S. 20.

Perspektive zu unterschiedlichen Zeiten durchdacht, dann wäre dieses umso gehaltvoller/ komplexer, wie Bertram weiter ausführt.[7] So ähnlich verhält es sich mit dem Nachvollziehen fremder Subjektivität. Das heißt, je komplexer die geistige Verfassung des Einzelnen ist, umso gehaltvoller sind seine philosophischen Gedankenexperimente hinsichtlich des Nachempfindens fremder Subjektivität.

Nach Bertram gehe es hierbei jedoch nicht so sehr darum, herauszufinden, wie es sich tatsächlich für denjenigen, dessen Perspektive nachvollzogen wird, anfühlt, er zu sein, sondern vielmehr um begriffliches Nachvollziehen.[8] Konkreter ausgedrückt meint Bertram damit, es gehe bei philosophischen Gedankenexperimenten „[...] *vielmehr darum, die Begriffe zu klären, mittels deren wir unsere Auseinandersetzung mit der Welt, mit anderen und mit uns selbst artikulieren.*"[9] Demzufolge erschließen sich Menschen in philosophischen Gedankenexperimenten den entsprechenden Gegenstand der Betrachtung, wie beispielsweise die Vorstellung davon wie es wäre ein anderer Mensch mit anderen Lebensumständen zu sein, indem sie die in ihrem Kulturkreis verwendeten Begriffe klären, unter Anwendung dieser Begriffe Annahmen setzen und daraus gewisse Schlüsse entwickeln/ herleiten. Bertram bringt somit zum Ausdruck, dass sich Menschen mit Hilfe von philosophischen Gedankenexperimenten jedenfalls auf formale Weise ineinander hineinversetzen können.

Dies wirkt nun so, als ob sich Menschen nur von außen bzw. auf formalem Wege dem Wesen eines anderen Menschen nähern können bzw. fremde Subjektivität bloß auf formale Weise mittels philosophischer Gedankenexperimente ergründet werden kann. Gemäß Bertram wirkt das in Nagels eingangs erwähntem Gedankenexperiment so.[10] Bertram bezweifelt jedoch, dass Nagel dies derart verstanden haben will, weil solch eine „[...] *radikal zweifelnde Position [...]*"[11]

---

7 Ebd., S. 22.
8 Ebd., S. 67.
9 Georg W. Bertram (Hrsg.): Philosophische Gedankenexperimente, S. 67.
10 Vgl. Georg W. Bertram (Hrsg.): Philosophische Gedankenexperimente, S. 285.
11 Georg W. Bertram (Hrsg.): Philosophische Gedankenexperimente, S. 285.

den Menschen deren bereits erwähnte Fähigkeit des einander nachvollziehen Könnens absprechen würde.[12] Das Aberkennen einer solchen Fähigkeit würde bedeuten, dass Menschen keine Erfahrungen im Umgang miteinander hätten. Aber weil sie in der Regel Mitglieder einer Gesellschaft und somit eines Kulturkreises sind, haben sie zwangsläufig zwischenmenschliche Erfahrungen erworben, auf welche der Einzelne bei einem philosophischen Gedankenexperiment zurückgreifen könnte.

Im folgend Kapitel soll nun daran anknüpfend thematisiert werden, inwiefern Nagel die Möglichkeit des Nachempfindens fremder Subjektivität radikal zweifelnd abzuerkennen scheint, wenn auch vielleicht unbeabsichtigt, wie Bertram vermutet.[13]

2. Das Nachempfinden fremder Subjektivität als sinnloses Vorhaben ?

Zuvor wird erst einmal erklärenderweise darauf hingewiesen, dass Nagel statt des bisher gebrauchten Begriffs der fremden Subjektivität den Ausdruck des *„subjektiven Charakters von Erfahrung"* [14] verwendet. Darunter versteht er den Umstand, dass es für Organismen wie beispielsweise Menschen aufgrund ihrer Existenz und mit welchen geistigen wie körperlichen Bedingungen auch immer, irgendwie ist, zu sein. Nagel formuliert dies wie folgt:

„Grundsätzlich hat ein Organismus bewusste mentale Zustände dann und nur dann, wenn es irgendwie ist, dieser Organismus zu sein – wenn es irgendwie für diesen Organismus ist. Wir können dies den subjektiven Charakter von Erfahrung nennen." [15]

Nagel beschreibt weiter, dass bei welchem Lebewesen auch immer der subjektive Charakter von Erfahrung nicht analytisch ermittelt werden könne, weil dieser nur

12 Vgl. Georg W. Bertram (Hrsg.): Philosophische Gedankenexperimente, S. 285.
13 Ebd.
14 Thomas Nagel: Wie ist es, eine Fledermaus zu sein, S. 9.
15 Thomas Nagel: Wie ist es, eine Fledermaus zu sein, S. 9.

auf eine Weise analysiert werden könne, welche unweigerlich die Gefahr einer Reduktion des subjektiven Charakters von Erfahrung des entsprechenden Lebewesens berge. Jene Reduktion äußere sich dadurch, dass Menschen oder andere Lebewesen nur aus einer Außenperspektive heraus analysierbar seien. Die Innenperspektive sei aber aus jener Außenperspektive nicht erkennbar.[16] Dieser Erklärung zufolge und im Folgenden weiterhin bezogen auf Menschen, kann der Einzelne nur dasjenige vom subjektiven Charakter der Erfahrung eines Menschen begreifen, was er von außen, also oberflächlich und damit abstrakt, bei diesem wahrzunehmen in der Lage ist. Nagel bestärkt diese Position, indem er als Grund dafür auf die je eigene Perspektive von Lebewesen verweist.[17]

Um diesen Unterschied hinsichtlich des subjektiven Charakters von Erfahrung noch mehr hervorzuheben, beginnt Nagel Fledermäuse und Menschen gegenüberzustellen. Das heißt, er zeigt auf, dass Menschen im Vergleich zu Fledermäusen eine grundsätzlich andere Sinneswahrnehmung haben, sodass sich Menschen nicht vorstellen können, wie es ist, eine Fledermaus zu sein und umgekehrt.[18]

Dieser Argumentation folgend wären Menschen nach Nagel allenfalls dazu in der Lage, sich mittels ihrer Phantasie, basierend auf bisherigen Erfahrungen mit der eigenen Lebenswelt, auszudenken, wie es sich anfühlen mag, eine Fledermaus zu sein bzw. aus deren Perspektive wahrzunehmen.[19] Den subjektiven Charakter der Erfahrung von Fledermäusen vermögen sie damit nicht zu ergründen, wie Nagel mit diesem Beispiel umso deutlicher macht und daraufhin äußert, Menschen seien auf das eigene Bewusstsein beschränkt.[20] Damit schließt Nagel aus, sich als Mensch in irgendeiner Weise, auch in allgemeiner Hinsicht fremde Subjektivität wie die einer Fledermaus begreiflich machen zu können.

Nagel betont an dieser Stelle, dass dies auch innerhalb einer Spezies nicht

---

16 Vgl. Thomas Nagel: Wie ist es, eine Fledermaus zu sein, S. 11, 13.
17 Ebd., S. 13.
18 Ebd., S. 15, 19.
19 Ebd.
20 Vgl. Thomas Nagel: Wie ist es, eine Fledermaus zu sein, S. 17.

möglich sei.[21] Das heißt, Menschen untereinander sei es demnach auch unmöglich, den jeweiligen subjektiven Charakter der Erfahrung nachzuempfinden und dies zu versuchen scheint Nagels Argumentation zu Folge aussichtslos.

Sinnlos erscheint dies auch aufgrund Nagels weiterer Bemerkung, nämlich dass Menschen unter Umständen deswegen nicht dazu in der Lage seien, den subjektiven Charakter der Erfahrung von Fledermäusen nachzuvollziehen, wenn schlicht und ergreifend die dafür nötigen Begriffe fehlen, um dies zu beschreiben bzw. auszudrücken.[22] Wenn dies der Fall ist, dann muss überlegt werden, unter welchen Umständen die entsprechenden Begriffe fehlen könnten. Dies ist zum Beispiel bei fehlender Erfahrung mit gewissen Ereignissen, Gegebenheiten und Gegenständen etc. so. Denn das was ein Mensch nicht kennt, dafür etabliert er keine Begriffe. Es sei denn, er erfindet irgendwelche Phantasieworte. Der Bildung von Begriffen bedarf es also vorerst der Anschauung. Und das Objekt der Anschauung wird mit einem Begriff bezeichnet. Wenn in Folge dessen den Menschen die Anschauung bezüglich des subjektiven Charakters der Erfahrung von Fledermäusen fehlt, sind diese nicht in der Lage dazu, Begriffe hierfür zu finden. Unter diesem Aspekt wirkt Nagels vorbenannte Aussage über fehlende Begriffe und die damit verbundene Auswirkung auf die Nachvollziehbarkeit fremder Subjektivität begreifbar.

Abgesehen davon bemerkt Nagel im weiteren Verlauf seiner Argumentation, dass der Einzelne bei einem Menschen, welcher ihm sehr ähnelt, sehr wohl wissen kann, wie es ist der andere zu sein.[23] Was Nagel hiermit meint, wird deutlicher am Beispiel von Menschen, welche in ihrer Gesinnung viele Gemeinsamkeiten haben und in ähnlichen Verhältnissen leben. Hier ist die Wahrscheinlichkeit sehr hoch, dass sie sich ineinander hineinversetzen können bzw. voneinander einzuschätzen imstande sind, wie zum Beispiel ein bestimmtes Erlebnis vom jeweils anderen empfunden werden mag. In dieser Hinsicht scheint das

---

21 Ebd., S. 19.
22 Ebd., S. 23.
23 Vgl. Thomas Nagel: Wie ist es, eine Fledermaus zu sein, S. 25.

Nachempfinden fremder Subjektivität weitestgehend bzw. ein erhebliches Stück weit gelingen zu können. Im Gegensatz dazu dürfte dies Nagels Aussage zufolge Menschen aus ganz verschiedenen Lebensverhältnissen/ - umständen sehr schwer fallen oder unter Umständen gar nicht erst möglich sein, voneinander zu wissen oder einzuschätzen, wie es sich anfühlt, der andere zu sein, erst recht, wenn ihnen sowohl die Anschauung als auch die Theorie bezüglich der Lebensumstände jener anderen Menschen fehlt. Dies wird besonders deutlich anhand von Nagels Aussage über von Geburt an taube und blinde Menschen, indem er die Behauptung aufstellt:

„*Der subjektive Charakter der Erfahrung einer von Geburt an tauben und blinden Person ist mir z. B. nicht zugänglich, und wahrscheinlich ihr auch der meinige nicht.*" [24]

---

24 Ebd., S. 19.

3. Bedingte Nachvollziehbarkeit fremder Subjektivität

In den bisherigen Kapiteln hat sich gezeigt, dass Bertrams sowie Nagels Standpunkte gar nicht so sehr verschieden sind, wie es zu Beginn dieser Projektarbeit angekündigt wurde.

Beide Philosophen argumentieren letztlich darauf hin, dass die Möglichkeit des Nachvollzugs fremder Subjektivität an Voraussetzungen gebunden ist. Diese sind gemäß deren Ansicht und mit Bezug auf die vorigen Kapitel zuallererst mal Sprache und damit verbunden, das Vorhandensein von Begriffen. Ohne Begriffe bzw. ohne Sprache kann denken nicht gelingen. Denn Menschen denken in Begriffen. Insofern hängen das Nachempfinden fremder Subjektivität sowie philosophische Gedankenexperimente von der Existenz von Begriffen ab. Dies bringt jedoch gleichzeitig zum Ausdruck, dass beides nur bedingt stattfinden kann, weil es darauf ankommt, inwieweit Begriffe dafür existieren, worüber nachgedacht wird. Nagel betont dies in besonderem Maße.

Mit der Bedingtheit durch Sprache ist bereits absehbar, worauf Bertram zusätzlich noch verweist, nämlich auf den Umstand, dass das Nachempfinden fremder Subjektivität ebenfalls vom durch Sprache vermittelten Wissen über die eigene Lebenswelt abhängt. Damit stimmt auch Nagel überein, indem er auf unterschiedliche Lebensumstände referiert und betont, dass Wissen darüber erforderlich sei, wenn es darum ginge, als Mensch nachempfinden zu wollen, wie es sich anfühlt ein anderer Mensch oder auch anderes Lebewesen mit demzufolge anderen körperlichen wie geistigen Bedingungen zu sein.

Beide Philosophen scheinen sich in ihrer Auffassung jedoch darüber uneins zu sein, dass auf der einen Seite Nagel behauptet, Menschen würden, egal wie ähnlich sie sich sind, immer nur wissen, wie es aus ihrer eigenen Perspektive sei, ein anderer Mensch zu sein. Bertram hält diese Ansicht aber für zu radikal zweifelnd, weil ja Menschen als Mitglieder einer Gesellschaft immerhin Erfahrungen im Umgang miteinander machen und folglich sowie optimalerweise eine gewisse Urteilskraft besitzen, und sich nach Bertram ein ganzes Stück weit mehr als Nagel dies in seinen Ausführungen zugesteht in andere Menschen hineinversetzen können. Damit hebt Bertram hervor, dass die Möglichkeit des Nachvollzugs fremder Subjektivität auch vom zwischenmenschlichen Erfahrungsgehalt abhängt.

Zusammenfassung/ abschließende Betrachtungen

Abschließend und diese Projektarbeit zusammenfassend bleibt festzuhalten, dass es sowohl Bertrams als auch Nagels Ansicht nach fremde Subjektivität bzw. der subjektive Charakter von Erfahrung ein Stück weit rätselhaft bleiben, sich nicht vollständig erschließen lassen wird. Und zwar weil Menschen sowie auch andere Lebewesen nun mal in ihren Fähigkeiten beschränkt sind.

Diese Beschränkung ist je nach Lebewesen von anderer Ausprägung, was durch beide Philosophen dargelegt wird. Sie hängt aber auch, wie Bertram noch hinzufügt, in ihrem Ausmaß von der jeweiligen Epoche ab. Zeiten in denen wie im Mittelalter Wissen leider nicht so frei und nahezu unbegrenzt verfügbar war, wie es heutzutage der Fall ist, trägt nicht ganz unerheblich zu einer geringeren Ausprägung der Fähigkeit, fremde Subjektivität nachzuvollziehen, bei.

Aber was genauso wichtig ist wie Wissen und diesem vorangeht, ist Sprache. Sprache und die damit einhergehenden Begriffe sind essentiell, um als Mensch überhaupt im wahrsten Sinne des Wortes daran denken zu können, sich auf möglichst sinnvolle Weise damit auseinanderzusetzen, wie sich wohl anfühlen mag, ein anderer Mensch zu sein. Denn wovon ein Mensch keinen Begriff hat und zudem keine Anschauung hat, darüber kann er nicht nachdenken, außer er erfindet gedanklich irgendetwas beliebiges. Auf diese Weise wird er aber nicht zu dem Ziel gelangen, auch nur ansatzweise andere Lebensformen in ihrer Wahrnehmung bzw. deren subjektiven Charakter von Erfahrung zu verstehen, oder zumindest sich dem Verständnis davon anzunähern.

Dies gelingt ihm nur, wie Bertram eindringlich ausführt, wenn er sich dabei an gewisse Regeln hält, sofern der Einzelne ernsthaft im Rahmen eines philosophischen Gedankenexperiments etwas über den subjektiven Charakter von Erfahrung von einem bestimmten Menschen oder auch anderem Lebewesen herauszufinden gedenkt. Daher erscheint es unerlässlich, basierend auf dem eigenen bisherigen Wissensstand erstmal Annahmen zu setzen und danach sowie darauf aufbauend entsprechende Schlüsse zu ziehen.

Dass dies nicht unbedingt zum obigen Ziel führen muss, stellt Bertram dabei gar nicht in Abrede. Er ist sich gemäß seiner Ausführungen sehr wohl bewusst darüber, dass ein Mensch stets von außen bzw. aus seiner Perspektive heraus andere Menschen zu verstehen versucht. Aber, wie schon beschrieben, hebt er auch hervor, dass der nahezu zwangsläufige zwischenmenschliche Umgang unter Mitgliedern einer Gesellschaft nicht unterschätzt werden sollte. Auf diesen greifen Menschen immerhin zurück, wenn sie die Subjektivität anderer Menschen nachempfinden wollen.

Aber nichts desto trotz sollten nach Nagel ebenfalls die Unterschiede bezüglich der jeweiligen Lebensumstände von Menschen nicht außer Acht gelassen werden, wenn es um die Beurteilung oder das Nachempfinden von fremder Subjektivität geht. Nagel legt hier großen Wert darauf, zu verdeutlichen, dass jene Unterschiede für ein mangelndes oder fehlendes Verständnis fremder Subjektivität verantwortlich sind. Wie sollen Menschen gemäß Nagels Beispiel auch verstehen, wie es ist blind zu sein, wenn sie es nie waren. Dies zu verstehen bzw. nachzuempfinden kann nach Nagel auch nicht gelingen, wenn sie sich temporär die Augen verschließen. Genauso wenig und erst recht nicht funktioniert der Nachvollzug fremder Subjektivität im umgekehrten Fall, wenn blinde Menschen verstehen wollen, wie es ist, sehen zu können. Es fehlen einfach die dazugehörigen Erfahrungen mit diesen oder jenen geistigen oder in diesem Fall körperlichen Gegebenheiten.

Wie sich in dieser Projektarbeit mit Hilfe der beiden Philosophen gezeigt hat, müssen sich Menschen damit abfinden, dass sie in ihrer Fähigkeit des Nachvollzugs fremder Subjektivität beschränkte Wesen sind. Dabei können sie sich noch so sehr sicher sein, wie es ist, dieses oder jenes Lebewesen zu sein, ein gewisser Restzweifel bleibt ja doch, wenn auch nicht unbedingt in dem Maße, wie Nagel ihn vermutlich vertritt. Dies näher zu untersuchen, wäre jedoch ein spannendes sowie anspruchsvolles Thema für eine weitere Projektarbeit.

In dieser Arbeit hat sich hoffentlich ein Stück weit erschlossen, inwieweit fremde Subjektivität gemäß Bertram und Nagel ergründet werden kann. Im Rahmen dieser Untersuchung wurde dabei stets auf ein weitestgehend vernünftiges Maß an abstrakten und konkreten Beschreibungen geachtet.

Literaturverzeichnis

Georg W. Bertram (Hrsg.): Philosophische Gedankenexperimente. Ein Lese- und Studienbuch, Stuttgart: Philipp Reclam jun., 2012

G. W. F. Hegel: Enzyklopädie der philosophischen Wissenschaften III, I. Auflage, Frankfurt/Main: suhrkamp taschenbuch wissenschaft, 1986

Thomas Nagel: Wie ist es, eine Fledermaus zu sein?, Stuttgart: Philipp Reclam jun., 2016

BEI GRIN MACHT SICH IHR WISSEN BEZAHLT

- Wir veröffentlichen Ihre Hausarbeit, Bachelor- und Masterarbeit

- Ihr eigenes eBook und Buch - weltweit in allen wichtigen Shops

- Verdienen Sie an jedem Verkauf

Jetzt bei www.GRIN.com hochladen und kostenlos publizieren